CREDIT NATIONAL

OU

BANQUE IMMOBILIÈRE.

PÉTITION
A L'ASSEMBLEE NATIONALE LEGISLATIVE,

PAR

M. J.-A. FABRE, avocat.

PARIS.
LIBRAIRIE DE GUILLAUMIN ET COMP^e
RUE RICHELIEU, 14.

TOULOUSE,
LIBRAIRIE DE L. JOUGLA.
1849.

A MESSIEURS LES MEMBRES

COMPOSANT

L'ASSEMBLÉE NATIONALE LÉGISLATIVE.

MESSIEURS LES REPRÉSENTANTS,

Le soussigné a l'honneur d'appeler votre attention sur le sujet de la pétition, ayant pour objet l'établissement d'un crédit national, sous la dénomination de *Banque Immobilière,* dont voici les motifs :

L'accueil favorable qu'a reçu la proposition de M. de Melun, à l'Assemblée législative, nous dispense de faire ressortir l'urgente nécessité de venir au secours du malaise social. Chacun a reconnu que le moment était arrivé de s'occuper d'institutions ayant pour objet l'*assistance* qui doit soulager la souffrance publique actuelle, et la *prévoyance* qui doit empêcher cette souffrance de se manifester à l'avenir.

Comment l'Assemblée va-t-elle résoudre ce problème hérissé de difficultés? Adoptera-t-elle le moyen de ressources partielles, et qui seront consommées à mesure? Mais que d'inconvénients n'a pas ce moyen, sans compter que rien n'est précaire comme ce genre de ressources ! Les crises politiques et financières, l'exigence de l'impôt refroidissent la bienfaisance, et si la bienfaisance est imposée contributivement, il faut bien aussi donner au contribuable, déjà affaissé sous le fardeau de toutes sortes de contributions, les forces suffisantes pour supporter ce surcroît de charge.

D'ailleurs, quel ne serait pas le poids de cette surcharge importune ! Pour la rendre efficace, il ne faudrait rien moins que doubler le chiffre du budget, et l'on serait encore loin de ressources suffisantes (1). Quel terme au surplus assigner à de si énormes sacrifices ? Le terme de la misère ; c'est dire aucun. Ainsi, ce serait pour laisser le malheureux dans un état aussi déplorable que si l'on ne s'était pas occupé de son sort que l'on exaspèrerait le contribuable, qu'on le réduirait lui-même à la misère ?

Voilà, nous osons le dire, oui, voilà le résultat auquel conduiraient les moyens partiels..... Et puis, qu'espérer pour l'harmonie sociale d'une assistance insuffisante, et, qui plus est, humiliante pour celui qui la recevra, tandis qu'elle imposera une gêne intolérable à celui qui sera obligé à la fournir ?

Pour atteindre le but que se propose l'Assemblée par l'examen de la proposition de M. de Melun, il ne faut donc pas compter sur les moyens partiels. On ne parviendra jamais à *éteindre réellement la misère* qu'en ouvrant une large voie, par où s'épanchera la source de la richesse publique, et en en dirigeant le cours de manière à fertiliser le sol social : c'est ainsi que, loin de s'épuiser, ces ressources se féconderont au contraire par la consommation.

---

(1) Certes, nous n'entendons pas que l'assistance publique s'étende jusques à enrichir tous ceux qui en ont besoin ; mais nous n'ignorons pas qu'il existe en France 26 millions d'individus qui ne possèdent pas un pouce de terre : eh combien sur ce nombre qui ne vivent que de leur travail, moyen de subsister aujourd'hui si précaire ! Il y a seulement à Paris de soixante à quatre-vingt mille pauvres qu'alimente cette ville.

Trouver un bailleur de fonds désintéressé qui, venant en aide à l'agriculture en allégeant les charges de sa dette, force à refluer vers l'industrie et le commerce les capitaux qu'elle avait empruntés à des conditions onéreuses, et consacre au remboursement de la dette publique d'abord, puis de la dette hypothécaire, l'intérêt des sommes destinées à satisfaire aux conditions du nouveau crédit : tel est l'énoncé d'un problème dont la solution satisferait complètement, croyons-nous, au but de la proposition que M. de Melun a soumise à l'Assemblée.

Pour résoudre ce problême, il ne faut ni emprunts onéreux, ni impôts extraordinaires, ni aller chercher les conditions de la solution dans un autre ordre de choses que l'ordre de choses actuel. Il suffit de savoir faire des ressources que présente l'état actuel des choses un emploi tel que leur puissance en soit immensément développée ; et l'on n'a que faire, pour y parvenir, de porter atteinte aux positions acquises.

Nous nous acheminerons vers la solution en marchant dans la voie d'hypothèses successives, et nous la trouverons dans la facile réalisation de la dernière.

Supposons donc qu'il existât un établissement assez riche pour pouvoir dire à chaque débiteur français dont les obligations sont garanties par une affectation hypothécaire sur immeubles : « Voilà le montant de ce que vous devez ; je vous le livre à 3 p. 0/0 d'intérêt ; payez votre créancier, qui exige de vous un intérêt de 5 p. 0/0, et que je sois substitué à ses lieu et place. »

Tout aussitôt, les charges des propriétaires débiteurs seraient allégées des deux cinquièmes, et d'un autre côté, ceux que l'usure empêche de recourir à l'emprunt, pour faire exécuter des travaux d'améliorations sur leurs terres, s'empresseraient de demander au crédit des moyens de fertilisation qui augmenteraient leurs revenus.

Une plus grande abondance de récolte aurait pour conséquences immédiates :

Augmentation de la richesse publique ;

Plus value de la propriété territoriale;

Faveur que prendrait le travail agricole qui attacherait aux champs un plus grand nombre de travailleurs;

Diminution de prix des substances alimentaires, et par conséquent amélioration du sort des familles qui n'ont d'autres ressources pour vivre que le travail.

Mais l'avantage le plus important peut-être de l'opération serait de faire refluer vers l'industrie et le commerce cette masse de capitaux qui rentreraient dans les mains des créanciers remboursés. Comment ces créanciers les utiliseraient-ils, en effet, n'ayant plus la ressource du placement par hypothèque? Alors s'établiraient, à n'en pas douter, de nombreuses sociétés industrielles et de nombreux établissements de banque, dont la rivalité aurait pour effet de livrer à l'industrie, au travail et au commerce des capitaux à un taux beaucoup moins élevé que celui d'aujourd'hui.

Qu'on se fasse une idée, s'il est possible, de l'effet que produirait une masse de douze milliards de valeurs (1), venant prêter son influence à la puissance du capital industriel et commercial déjà en circulation (2)! Peut-on apprécier le développement que prendraient l'industrie, le travail et le commerce? Non-seulement le bas prix des produits augmenterait considérablement la consommation intérieure, mais l'écoulement de ces produits deviendrait encore d'autant plus facile à l'extérieur, que l'industrie étrangère n'ayant à sa disposition ni autant de capitaux, ni des capitaux à aussi bon marché que nous, ne pourrait en aucune façon soutenir la concurrence avec nos manufactures.

Mais les mêmes effets se produiraient-ils si l'établissement dont

---

(1) Les données statistiques élèvent à 12 milliards le montant des créances hypothécaires, non compris celles qui ont pour garantie une hypothèque légale.

(2) On évalue à 18 milliards le capital industriel et commercial en circulation aujourd'hui.

nous parlons n'avait, pour réaliser l'opération que nous venons d'indiquer, d'autres valeurs que douze milliards d'immeubles libres de toutes charges hypothécaires ou autres? Pourquoi pas? Est-ce que la fortune immobilière de cet établissement ne garantirait pas suffisamment l'émission de douze milliards de bons, surtout si ces valeurs portaient avec elle un caractère hypothécaire? Pourquoi pas encore? si cet établissement, bornant toutes ses opérations à celle dont nous venons de parler, se contentait d'en administrer le résultat.

Nous osons dire, nous, que le papier émis par cet établissement serait dans des conditions telles, que non-seulement il circulerait facilement, sans même qu'il fût nécessaire d'en décréter le cours forcé, mais encore qu'il serait accueilli avec faveur ou plutôt recherché.

En effet, à qui profite particulièrement l'émission de ce papier? Aux débiteurs à qui il a servi à désintéresser les créanciers primitifs: aussi les biens de ces débiteurs sont-ils affectés hypothécairement à la garantie de cette valeur pour une somme égale au montant de l'émission. La position des tiers-porteurs a donc ceci de particulier qu'il est couvert à la fois et par la garantie spéciale de l'établissement qui a mis les valeurs en circulation, et par celle que présentent les droits hypothécaires sur les biens des débiteurs eux-mêmes. Ce n'est donc pas seulement par 12, mais par 24 milliards d'hypothèques que seraient garantis les droits des tiers-porteurs.

Est-ce que la Banque de France, dont personne ne songe assurément à refuser les billets, présente seulement la moitié autant de garantie? Non certes; car ne disposant que d'un capital de 60 millions, elle émet pour 450 millions de billets; c'est-à-dire pour une somme plus de sept fois plus considérable que son capital. Il est vrai que la Banque de France est couverte par des contre-valeurs; mais que deviennent ces contre-valeurs dans les temps de crise financière ou politique? Ainsi donc, la Banque de France pourrait, dans un cas donné, se trouver exposée à n'avoir d'autres ressources que ses 60 millions, pour parer au remboursement des 450 millions de billets émis par elle.

A n'en pas douter, les valeurs de l'établissement dont il est ici question seraient préférées à celles de la Banque de France, avec d'autant plus de raison qu'aucune crise ne pourrait influer sur les droits du tiers-porteur.

Mais il est temps de sortir de la voie des hypothèses, et de faire connaître ce colossal établissement, dont la fortune serait assez puissante pour réaliser la prodigieuse opération dont nous venons de signaler les effets. Eh bien! cet établissement est le résultat d'une association entre tous les propriétaires de France, quelle que soit la nature de la propriété de l'associé, pourvu qu'elle soit immobilière. Cette association constituerait donc une *banque immobilière.*

L'apport de chaque associé consisterait en une affectation hypothécaire privilégiée sur la partie libre de ses biens, dans le rapport du montant de toutes les dettes hypothécaires à la valeur totale des propriétés de la France (1).

Nous avons à peine besoin de dire qu'une telle combinaison n'expose l'associé à aucune chance de pertes. Si l'association, elle, subit la conséquence de la garantie de ses bons, d'un autre côté, elle est couverte par la garantie non moins solide et non moins étendue que présentent ses débiteurs. Ainsi, le débiteur des tiers-porteurs est complètement couvert par ses propres débiteurs.

Qu'on ne craigne plus maintenant que la moindre répugnance

---

(1) Ainsi, en supposant que la valeur totale des propriétés immobilières rurales et urbaines s'élève à 84 milliards, la partie libre de cette valeur s'élèvera à 72 milliards (en supposant toujours 12 milliards pour le montant total de la dette hypothécaire). Cela établi, chaque propriété serait affectée d'une hypothèque dont l'importance est déterminée par le rapport de 72 à 12 milliards, et frapperait par conséquent la partie de la valeur libre à concurrence de 1/6.

puisse venir entraver la facile circulation des bons qu'émettrait la banque immobilière.

A ce que nous avons déjà dit, au sujet de la faveur qui ne pourrait manquer d'accompagner l'émission de ces bons, nous ajouterons encore les considérations suivantes ; considérations qui n'ont pu être présentées plus haut, attendu qu'elles sont basées sur des données que la discussion n'avait pas encore amenées.

Qu'est le bon de la banque immobilière, autre chose qu'un contrat d'obligation avec affectation d'hypothèque ? Or, si les droits que confère l'un et l'autre titre ne diffèrent en rien, sera-ce la différence dans les formalités de la cession, formalités si défavorables d'ailleurs à la transmission du contrat authentique, qui pourra dénaturer ces droits ?

On nous dira peut-être que la nature du bon hypothécaire ne se prête pas facilement à la rapidité des opérations commerciales.

Outre qu'il serait assez difficile, dans les conditions de notre système, de justifier une semblable thèse, nous répondrons :

La circulation suppose deux opérations : *acceptation* et *transmission*. Or, la répugnance à accepter est absurde, si on la sépare de la difficulté de transmettre. Cela posé, à qui achète-t-on les substances alimentaires, quelles qu'elles soient ? Les laines, les soies, les linets, les chanvres, les bois, les fers, les cuivres, les substances minérales, enfin les matières de première nécessité, les matières premières servant à la fabrication des produits indispensables à la vie ? A qui paie-t-on les loyers des maisons, des usines ; le prix de la vente ou de la location des terrains où se trouvent les mines, les carrières ? à qui, si ce n'est aux propriétaires des biens ruraux, des maisons, des usines ? Mais, justement, tous ces propriétaires sont eux-mêmes garants de la circulation des bons immobiliers ; ils sont intéressés à cette circulation, et ce sont leurs produits, leurs propriétés qui sont l'objet presque exclusif du commerce. Or, si les fabricants, les commerçants, les consommateurs trouvent facilement à se procurer, avec les bons de la banque immobilière, les marchandises qui leur sont indispensables, quelles raisons auraient-ils de les repousser eux-mêmes? Mais les fabricants, les commerçants, les consommateurs, les propriétaires, voilà toute la nation ! ! !

A la vérité, le commerce extérieur pourrait ne pas vouloir accepter ces bons en paiement. Eh bien ! hors les cas d'échange de produits, on emploiera pour le commerce extérieur la valeur monétaire. En retour, on n'acceptera pas d'autre valeur pour le paiement des produits de la France, et l'avantage sera pour nous; car, avec la facilité de vendre à meilleur marché que les autres, nous recevrons plus de monnaie métallique que nous n'en exporterons.

Maintenant, bien fixés sur ces deux points : 1° que les actionnaires de la banque immobilière ne courent aucune chance de perte; 2° que la circulation des billets de cette banque ne peut rencontrer aucun obstacle, suivons, jusques dans leurs dernières limites, les conséquences de l'institution.

Pour que les dernières conséquences de l'opération de cette banque soient bien comprises, nous devons faire observer deux choses : 1° l'associé ne se départant pas du gage affecté à la garantie, les fruits, les revenus produits par ce gage restent entre les mains de l'associé; 2° les bons émis par l'établissement résultant de l'association étant admis dans la circulation à l'égal de la valeur monétaire, ils ne subissent aucune dépréciation par l'escompte.

Or, si, d'un côté, l'association n'est aucunement constituée en frais en faveur des porteurs de son papier; si, de l'autre, elle ne discontinue pas de percevoir les fruits des immeubles engagés à la garantie; si d'ailleurs elle est hors de toute chance de pertes; si tous les sacrifices auxquels elle sera exposée se bornent aux frais d'administration, qu'a-t-elle à exiger de ses débiteurs? Absolument rien, sinon d'être couverte de ces frais d'administration.

Les intérêts payés par les débiteurs ne doivent donc tourner au profit de la banque qu'à concurrence du montant de ces frais.

Au profit de qui donc tournera le surplus?

Au profit de tous : autant de l'association que de ses débiteurs, que de l'industrie, que du commerce, que des travailleurs ; au profit de la nation entière !!...... Que ce surplus soit donc consacré au remboursement de la dette publique !

Ainsi, si la dette hypothécaire s'élève à la somme de 12 milliards, l'intérêt annuel à 3 p. 0/0, de cette dette produira une somme qui ne sera pas moindre de 360 millions. Or, en supposant que les frais d'administration de la banque immobilière s'élevassent à la somme de 100 millions, ce qui serait exorbitant, attendu qu'une fois l'achat des créances opéré, les fonctions de l'administration de cette banque se borneraient, à peu de choses près, à la perception des intérêts et au remboursement de la dette publique ; que, par conséquent, ses opérations se réduiraient à des soins fort simples, il resterait toujours, chaque année, une somme de 260 millions pour être consacrée à l'extinction de la dette publique.

Dès la première année de la pleine entrée en fonctions de la banque immobilière, la contribution serait dégrevée d'une somme de 260 millions, et, outre le même dégrèvement pendant les années suivantes, et jusques à extinction de la dette publique, elle aurait encore à payer de moins annuellement l'intérêt de cette somme à 5 p. 0/0 (12 millions), et enfin le montant de l'intérêt de cette somme de 12 millions (600,000 fr.), à mesure de l'extinction successive de cette dette, par portion de 260 millions de francs. Il résulterait de cette opération, qu'à la fin de la dix-septième année, la banque aurait de reste une somme de plus de 28 millions, après avoir éteint la dette publique, si l'on admet que le chiffre de cette dette s'élève exactement à 6 milliards (1).

---

(1) Si nos calculs sont bien exacts, en partant de cette base que la dette publique s'élève exactement à 6 milliards, la banque immobilière se trouverait avoir payé, à la fin de la dix-septième année de sa pleine entrée en fonctions, la somme de 6,028,430,886 fr.

Nous ne devons pas omettre de faire remarquer que les sommes avec lesquelles a été remboursée la dette publique constituent des valeurs réellement créées par le revenu du sol, et que, par conséquent, la fortune publique s'est encore accrue de cet énorme capital. Encore donc 6 milliards de nouvelles ressources qui tourneraient au profit de l'industrie, du travail et du commerce !!! et sans compter la part que leur fera l'aisance des contribuables, entre les mains desquels restera annuellement le montant de l'intérêt à 5 p. 0/0 de cette somme de 6 milliards : 300 millions !

Ce n'est pas là le dernier terme de la combinaison qui donnerait naissance à la banque immobilière. Il y aurait encore un autre résultat à obtenir, non moins important que le précédent : ce serait l'extinction de la dette hypothécaire ! Que l'on consacre donc l'intérêt qui serait versé par les débiteurs au retrait successif des valeurs émises par la banque immobilière. Ce retrait opéré, la banque immobilière n'ayant plus de créanciers éventuels, elle rendrait à la dette hypothécaire une garantie qui serait désormais sans objet.

Ah ! nous n'avons pas besoin d'arriver à cette position suprême pour apprécier les bienfaits de la création de la banque immobilière ! Déjà nous avons signalé les résultats immédiats de son entrée en exercice, si profondément sensibles pour l'ordre social. Mais lorsque l'agriculture — dégagée de l'étreinte de l'usure et du fardeau de sa dette — ne trouverait plus rien qui gênât son essor ; lorsque le gouffre de la dette publique — comblé jusques au bord — n'effraierait plus les regards fascinés du contribuable et des créanciers de l'Etat ; lorsque le capital industriel, déjà si puissant, aurait reçu le tribut d'un affluent capable de faire sentir son immersion, même au milieu de cet océan de richesses ; lorsque, pour avoir part à tous ces éléments de prospérité, il ne faudrait que ne pas fuir hors d'un cercle d'activité qui serait déterminé par un rayon d'une étendue incommensurable ; lorsque, par conséquent, la misère porterait avec elle *tache d'infamie*, qu'on n'ait plus souci d'entendre gronder l'émeute ; l'émeute, fille de la misère bien plus encore qu'instrument de l'ambition !

Mais quelle sera l'autorité dont les lumières, la haute raison, l'influence suppléant à l'ignorance, aux préjugés, aux résistances, faisant taire toutes les méfiances, inspirant une sécurité profonde, prendra en mains l'initiative de la création d'une institution si fertile en bien-être ?

En présence de l'exigence des calamités de l'époque ; en l'absence du temps nécessaire pour instruire et convaincre les masses, il n'y a plus à balancer : l'Assemblée des représentants doit rendre une loi qui pose les fondements de l'institution de la *banque immobilière*. Qu'elle la discute donc. Les premières paroles qui tomberont de la tribune réveilleront l'attention du monde entier ; les débats porteront la lumière dans les esprits, la conviction dans les cœurs, tout en y suscitant de généreux sentiments de patriotisme et de philanthropie.

Qu'elle discute donc, cette loi, car des millions de citoyens, courbés péniblement sous le poids de l'usure, attendent d'elle un soulagement ; car des millions de citoyens, frémissant pour leur position au moindre bourdonnement populaire qui trouble le calme ordinaire de la rue, lui demandent la sécurité; car des millions de rentiers, dont la fortune prospère ou périt avec celle de l'Etat, lui demandent de faire cesser les causes d'anarchie ; qu'elle la discute donc, car il est temps d'éliminer du code social une masse de dispositions législatives, derrière laquelle s'abrite la discorde, toujours prête à s'élancer pour troubler l'union des familles et l'harmonie de la société ; qu'elle la discute donc, car le capitaliste a besoin que le crédit se raffermisse ; qu'elle la discute donc, cette loi consolatrice, car des millions de gens de cœur regardent avec désespoir leurs bras robustes pendant à leurs côtés, faute d'emploi qui puisse profiter à leur famille dans la détresse ; qu'elle la discute donc, car la société entière a besoin de calme, de confiance, de concorde et de prospérité.

S'arrêterait-elle aux résistances de ces propriétaires ignorants, qui, du droit hypothécaire établi sur leurs biens, n'en comprendraient que la charge ; de ces propriétaires routiniers qui passent leur vie à crier contre la dureté des temps, et qui repoussent avec effroi la main qu'on leur tend pour les arracher aux horreurs de leur béate position, par eux tant décriée ? S'arrêtera-t-elle aux clameurs intéressées de ceux qui travailleront à susciter des défiances contre l'émission de bons ayant cours forcé, comme s'il était permis de refuser les billets de la Banque de France, dont les garanties sont cent fois moins rassurantes que ne le seront celles de la nouvelle institution ; comme si quelque fraude mystérieuse pouvait se cacher dans quelque coin obscur d'un établissement qui n'opère qu'au grand jour ; comme si l'émission de ces valeurs ne constituait pas *plutôt un sacrifice* qu'une *spéculation* de la part des actionnaires de la banque immobilière ? S'arrêtera-t-elle aux rugissements des loups cerviers de la finance, aux cris de désespoir de ceux qui font leurs affaires des opérations ténébreuses de l'agiotage et de l'usure déguisés sous le nom de crédit ?

Mais l'Assemblée législative peut-elle se laisser dominer par des résistances aveugles ou moutonnières ; par des frayeurs stupides ; par des clameurs perfides ; par des manœuvres odieuses ? Non. Est-ce qu'elle s'arrête aux résistances autrement légitimes, aux cris autrement sincères et déchirants du contribuable, quand il est question de voter un emprunt dont la réalisation, sans porter d'autre remède qu'un palliatif momentané aux difficultés du jour, aggrave la position de l'Etat et lui ouvre un chemin vers l'abîme ?....

Repoussez donc, Messieurs les Représentants, repoussez toute considération au sujet de résistances folles ou intéressées, et pour élever un autel protecteur à la bonne harmonie des citoyens, pour ajouter au bien-être de ceux qui possèdent, pour tendre une main généreuse à ceux qui n'ont besoin que d'être aidés pour se procurer l'aisance, pour extirper radicalement la misère par l'effet lucratif d'un travail toujours assuré, pour faire honte au vice, pour étouffer à jamais l'anarchie; pour utiliser à la fondation des voies de communication, dont manque encore la France, des sommes énormes consacrées à l'entretien d'une armée dont une notable partie pourra être licenciée; pour faire **RESPECTER COMME UNE ARCHE SAINTE LA PROPRIÉTÉ, BASE DE CETTE HEUREUSE TRANSFORMATION** sociale; pour placer notre belle et chère patrie dans cette voie, où elle sera à la fois l'admiration et le chef de file de tous les peuples; pour faire enfin quelque chose de grand comme la nation que vous représentez, votez la loi dont j'ai l'honneur de vous proposer, très-substantiellement, le projet ainsi conçu :

ART. 1er. La propriété immobilière de tout le territoire dépendant de la République française est, dès aujourd'hui, affectée d'une hypothèque dont le montant s'élève à la somme de.... (1), à l'effet de garantir la valeur de bons à émettre par la banque immobilière, dont l'institution sera réglée plus bas, à concurrence de cette somme.

ART. 2. Ces bons serviront, uniquement, à désintéresser tous les créanciers hypothécaires vis-à-vis de leurs débiteurs, et seront reçus ensuite, dans la circulation, comme les billets de la banque de France ou les valeurs monétaires. Au besoin, ils auront cours forcé.

Art. 3. L'hypothèque, dont il est parlé à l'article premier, grèvera chaque propriété particulière en proportion de la valeur de cette propriété, et dans le rapport du montant total de toutes les créances hypothécaires au montant total de la valeur de toutes les propriétés immobilières, déduction faite du montant total desdites créances hypothécaires.

---

(1) Le montant de la dette hypothécaire ou une somme supérieure; le surplus pourrait satisfaire à des demandes de crédit.

La valeur de la propriété particulière sera déterminée par la cote de la contribution qu'elle paie.

Art. 4. La banque immobilière, à mesure qu'elle paiera les créanciers hypothécaires, sera, de plein droit, substituée à tous les droits et actions de ces créanciers.

Art. 5. Le débiteur sera tenu de payer, avec exactitude, entre les mains de l'administrateur de la section de la banque immobilière départementale dans la circonscription de laquelle sera son domicile, le montant des intérêts aux époques déterminées dans le titre constitutif de la créance, ou qui pourraient être déterminées par une loi postérieure.

Le taux des intérêts qui sera payé par les débiteurs reste définitivement réduit à 3 p. %.

Art. 6. Les sommes provenant du versement des intérêts, distraction faite du montant des frais quelconques d'administration de la banque immobilière, seront affectées au remboursement de la dette publique par séries tirées au sort.

Art. 7. Lorsque la dette publique aura été ainsi totalement éteinte, ces mêmes sommes seront employées au retrait successif des bons émis par la banque immobilière (1).

Art. 8. A mesure du retrait de ces billets, la dette hypothécaire sera diminuée d'autant au profit, au marc le franc, de chaque débiteur.

Art. 9. Les créances hypothécaires affectées à la garantie des reprises matrimoniales ou des droits des mineurs et des interdits qui seront *purement* éventuelles, ne seront pas comprises dans l'effet de la présente loi.

Art. 10. Les statuts de la banque immobilière, le mode et le commencement de ses opérations, seront réglés par une assemblée composée de délégués de tous les propriétaires de France

(1) Ceci n'empêcherait pas les libérations partielles, et, dans ce cas, il n'y aurait rien à retirer des billets émis, car un emprunteur pourrait être mis aux lieux et place du débiteur qui voudrait se libérer.

parvenus à l'âge de majorité, ayant la qualité de Français ou naturalisés Français et jouissant de leurs droits civils, réunis en assemblées électorales dans le délai de à partir du jour de la promulgation de la présente loi.

Le jour de la convocation des premières assemblées électorales sera ultérieurement fixé par un décret de l'Assemblée nationale.

Art. 11. L'élection aura lieu par canton et au chef-lieu, comme en matières politiques.

Art. 12. Tout électeur est éligible, mais nul ne pourra être élu, s'il n'est propriétaire.

Ars. 13. Le siége de l'Assemblée des propriétaires délégués pour établir la constitution de la banque immobilière est fixé à Paris.

Art. 14. L'article précédent ne préjuge rien sur la détermination ultérieure du siége des autres assemblées des propriétaires délégués et du siége central de la banque par l'assemblée chargée de la constituer.

Art. 15. Aucune poursuite en expropriation forcée, qui ne serait pas commencée avant les mois qui ont précédé la promulgation de la présente loi, ne pourra avoir lieu de la part des créanciers hypothécaires ou de leurs ayants causes.

Telle est, Messieurs les Représentants, le projet de loi que le soussigné a l'honneur de soumettre à votre attention, en vous priant de daigner agréer ses sentiments de respectueuse fraternité,

FABRE, avocat,

Propriétaire et capitaliste

Toulouse, le 27 juillet 1849.

Toulouse. — Imp. de Bonnal et Gibrac, r. St-Rome, 46

www.ingramcontent.com/pod-product-compliance
Lightning Source LLC
LaVergne TN
LVHW010218230826
846091LV00008BB/3570